Herzog & de Meuron **Sammlung Goetz**

Hatje 1995

Herzog & de Meuron **Sammlung Goetz**

Kunsthaus Bregenz
archiv kunst architektur
Werkdokumente

Inhalt

6	Technische Daten, Pläne
12	Galerie für zeitgenössische Kunst in München
Eine Maschine, um den Blick zu schärfen
Jacques Lucan
22	Begegnung mit uns selbst
Eine Sammlung und ihr neues Haus
Veit Loers
29	Zur Zusammenarbeit von Maler und Architekt
Helmut Federle
32	Stilles Leuchten
Christian Kerez
73	Biografische Daten

Sammlung Goetz, München, Deutschland
Technische Daten, Pläne

Projekt: 1989/90
Ausführung: 1991/92
Architekten: Jacques Herzog, Pierre de Meuron
Mitarbeit Konstruktion: Mario Meier
Ausführungsplanung und Bauausführung: Josef Peter Meier-Scupin, München
Ausstellungsräume: in Zusammenarbeit mit dem Künstler Helmut Federle
Bauherrschaft: Ingvild Goetz

Obergeschoß

Erdgeschoß

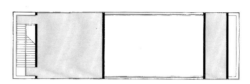

Untergeschoß

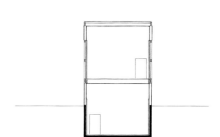

Schnitte

Galerie für zeitgenössische Kunst in München
Eine Maschine, um den Blick zu schärfen
Jacques Lucan

Gallery for Contemporary Art in Munich
A Machine to Sharpen the Eye
Jacques Lucan

Die Galerie für zeitgenössische Kunst in München von Herzog & de Meuron (mit Josef Peter Meier-Scupin als ausführendem Architekten) bietet sich unserem Blick in einer einfachen, dreigeteilten Form dar: eine längliche Holzkiste, durch ein Glasband vom Boden getrennt, und von einem weiteren Band aus dem gleichen, opalinweißen, durchscheinenden Glas bekrönt. Schwer verständlich ist, wie die Gewichtsübertragung auf den Boden erfolgt. Die Kiste ist mit einer netzförmigen Struktur ausgestattet, die Platten von gleicher Größe einfaßt; die senkrechten Elemente dieser Struktur reichen jedoch nicht bis zum Boden; die Kiste scheint auf Leere und Fülle, auf Durchsichtigkeit und Undurchsichtigkeit zu ruhen. Die Fülle, das ist ein aluminiumbeplanktes Feld – eine Tür –, die von ebenfalls aluminiumbeplankten Pfosten eingefaßt wird und das Band des verglasten Sockels unterbricht. Die Leere ist die Tiefe einer Transparenz, die den Sockel durchfließt und die allein zum Eintreten einlädt.

Diese Zweiheit von Leere und Fülle, die gemeinsam die Holzkiste zu stützen scheinen, sollte schon demjenigen, der nicht mit der Arbeit von Herzog & de Meuron[1] vertraut ist, signalisieren, daß er sich einer paradoxen, verwirrenden und beunruhigenden Architektur gegenübersieht, weil sie jede gängige Art, sich einem Architekturobjekt zu nähern, in Frage stellt, insbesondere jene vorrangige Bedeutung, die normalerweise den bauspezifischen Angaben beigemessen wird.

The gallery for contemporary art in Munich by Herzog & de Meuron, with Josef Peter Meier-Scupin as executing architect, offers itself to our view in a simple, tripartite form: a longish wooden box, separated from the ground by a glass band, and crowned by another, wider band of the same opaline-white, translucent glass. It is difficult to understand how the transfer of weight to the ground takes place. The box is equipped with a net-like structure which encloses same-sized panels; the perpendicular elements of the structure do not, however, reach the ground. The box seems to rest on emptiness and fullness, on transparency and opacity. The "fullness" is an aluminium planked field – a door – framed by likewise aluminium planked posts, interrupting the glass band at the base. The "emptiness" is the depth of a transparency which pervades the base. It alone invites one to enter.

This duality of emptiness and fullness, which together appear to support the wooden box, should signal to someone unfamiliar with the work of Herzog & de Meuron[1], that he or she is here confronted with a paradoxical, confusing and disturbing type of architecture – architecture which questions every usual way of approaching an architectural object, especially that primary importance usually accorded the constructional specifications.

Der Verlust der Orientierung

Die scheinbare Einfachheit des Gebäudes birgt eine Kompliziertheit, deren Symptome für einen aufmerksamen Blick zum Teil erkennbar werden. Die Entdeckung des Innenraumes wird diesen ersten Eindruck bestätigen und bestärken.

Im Eingangsraum, der gleichzeitig als Vorhalle, Büro und Bibliothek dient, sind wir noch mit dem Garten in Verbindung, den wir eben erst verlassen haben; wir befinden uns sozusagen im Transit: Die großen Glasfronten erlauben eine möglichst weite Sicht nach außen. Zwei Öffnungen, symmetrisch in einer der beiden Trennwände angeordnet, dienen als Durchgänge zu den Treppen. Eine Treppe führt in den ersten Stock, die andere zum Untergeschoß.

Im ersten Stock befindet sich eine Flucht von drei Räumen für Ausstellungen. Die Räume sind streng. Ihre Maße sind ident – es sind annähernd Quadrate. Die Wände sind nicht aus Holz, sondern naturweiß verputzte Mauern, an denen die Bilder hängen, ohne daß Probleme durch die Konfrontation verschiedener Materialien entstehen können[2]. Im oberen Wandteil lassen Glasbänder – immer noch opalinweiß, aber weniger hoch als jene, die das Gebäude außerhalb umfassen – das Tageslicht in den Raum, ohne jedoch eine Sicht nach außen zu ermöglichen.

The Loss of Orientation

The apparent simplicity of the building hides a complexity, the symptoms of which can be discovered by the diligent viewer. Exploration of the interior will verify and strengthen this first impression.

In the entrance room – hallway, office and library in one – we are still in contact with the garden we have just left. We are, so to speak, in transit – the great glass front allows a widest possible view outdoors. Two openings, symmetrically arranged in one of the two partition walls, serve as passageways to the stairs. One stairway leads to the second floor, the other to the basement.

The second floor contains a flight of three rooms for exhibitions. The rooms are severe. Their measurements are identical – they are almost square. The walls are not of wood, but are brickwork plastered in natural-white – so that pictures can hang on them without having problems evolve through the confrontation between various materials[2]. Bands of glass – still opaline-white, but not as high as those on the building's exterior – allow daylight into the room without allowing a view outside.

Im Untergeschoß treten wir nach einem dunklen Zimmer – einem unter der Eingangshalle liegenden Zeichenkabinett – in einen rechteckigen Ausstellungsraum, gleich hoch wie die Räume im oberen Geschoß, mit den gleichen Wänden, der gleichen Decke, dem gleichen Boden, den gleichen Glasbändern, also mit dem gleichen Licht.

Im Untergeschoß und im ersten Stock bewirkt die Gleichartigkeit der architektonischen Anlage, zusammen mit der fehlenden Blickverbindung nach außen, daß wir jede Orientierung verlieren: wir wissen nicht mehr genau, wie die Beziehung zwischen der ursprünglich erahnten Dreiteilung und der Schichtung der inneren Ebenen entsteht; Verschiebungen und Verlagerungen vermuten wir eher, als daß wir sie verstehen.

Der Bau, der eine eher geringe Größe aufweist (24,2 x 8 Meter Grundfläche), erhält auf diese Weise eine wahrlich labyrinthische Dimension: er wird zu einem Mikrokosmos, der der Betrachtung der Kunstwerke – Bilder und Skulpturen – gewidmet ist.

Auf der Suche nach einem anderen Gleichgewicht

Die Diskrepanz zwischen dem äußeren Bild und der Zusammensetzung der Ausstellungsräumlichkeiten läßt uns also einen Zustand erleben, in dem sich über eine ohnehin schon paradoxe Ordnung eine andere, labyrinthische gelegt hat. Dabei versuchen Herzog & de Meuron nicht, uns nur aus Spaß am Seltsamen zu verwirren. Sie trachten

In the basement, we first enter a dark room – a drawings-cabinet located beneath the entrance. We then enter a rectangular exhibition room, as high as the rooms on the upper floor, the same glass bands – also with the same light.

The identical nature of the architectural plan in the basement and second floor, together with the missing visual connection to the outside, causes us to lose our sense of orientation. We no longer know exactly how the relationship between the originally sensed tripartite division and the arrangement in layers of the inner planes come into being. We sense shifting and displacements rather than understand them.

The building, whose dimensions (24.2 x 8 m ground space) are rather modest, is so given positively labyrinthian dimensions: it becomes a microcosm dedicated to the viewing of works of art – pictures and sculptures.

In Search of Another Equilibrium

The discrepancy between the exterior appearance and the composition of the exhibition spaces allows us to experience a situation in which a different, labyrinthian order lays itself over another, already paradoxical, order. Yet Herzog & de Meuron are not trying to confuse us simply out of pleasure in the strange. They seek to, secretively and without force, replicate our viewpoints. The gallery in Munich is such

danach, ohne Gewalt, wie heimlich, unsere Standpunkte zu vervielfältigen: die Galerie in München ist so eine Maschine, die den Blick schärft und, wie Martin Steinmann schon bemerkt hat, die Arbeit der Architekten »beschreibt« wieder einmal »einen Weg, der vom Bild zur Struktur des Bildes führt«[3]...

Wo liegt nun die Verständlichkeit dieses Architekturobjektes?
Um diese Frage wieder aufzugreifen, betrachten wir neuerlich die äußere Erscheinung des Gebäudes. Zuerst die Holzkiste. Waagrecht betont die Teilung in fünf gleiche Felder ihre Unabhängigkeit vom Sockel, dessen Rhythmen nicht im Einklang sind; sie entsprechen aber auch nicht der Dreiteilung der Ausstellungsräume, die wir im ersten Stock durchschritten haben.

Dann die Glasbänder. Je nach Tageszeit, das heißt, je nach Einfall des Sonnenlichtes, läßt das Glas verschiedene Tiefen ahnen: senkrechte dicke und dunkle Striche mit undeutlichen Umrissen können im oberen Band erscheinen, einige setzen sich in der Verlängerung der senkrechten Pfosten der Kistenstruktur fort. Eine dunkle Linie zieht sich entlang des Bodens durch das untere Band. Der Ausdruck aller Variationen ist subtil: das Gebäude scheint das Licht einzufangen, um uns vergängliche Erscheinungen zu liefern. Aus dem Entstehen solcher Erscheinungsvariationen versteht man in der Folge,

a machine that sharpens the eye and, as Martin Steinmann has already noted, the architect's work once again "describes a way which leads from the picture to the structure of the picture".[3]

Now where does the clarity of this architectural object lie?
In order to take up this question, we will again look at the exterior appearance of the building. First the wooden box. The horizontal division into five equal fields explains the independence from the base, whose rhythms are not harmonious. The fields do not, however, correspond to the tripartite division of the spaces through which we have walked on the second floor.

Then the glass bands: according to the season – that means according to the incidence of sunlight, the glass allows various depths to be imagined – perpendicular, thick and dark lines with indefinite contours can appear in the upper band, some continue in the extension of the perpendicular post of the box's structure. A dark line follows the floor along the lower band. The variations are subtly expressed: the building appears to capture the light in order to offer us fleeting visions.

It is out of the emergence of these varying appearances that one comes to understand why Herzog & de Meuron established a symbolic equality between the opacity

warum Herzog & de Meuron eine symbolische Gleichheit zwischen der Undurchsichtigkeit der Holzkiste und der Durchsichtigkeit der Glasbänder herstellen: Während die Holzkiste jede Innerlichkeit zurückhält, lassen die Glasbänder flüchtige Bilder ausstrahlen, die in einer Tiefe zerfliessen. Aus dieser Zweiheit entsteht jedoch kein scharfer Kontrast. Es ist ein Nebeneinander von Materialien gleicher Intensität: Das weiße Glas und die mit Birkenholz verkleideten Platten, die mit der Zeit einen hellgrauen, nicht weit von jenem des Aluminiums entfernten Ton annehmen werden.

Diese bildliche Gleichheit erklärt auch, warum Elemente, die strukturell dominieren könnten, eindeutig zurückgenommen, wenn nicht manchmal überhaupt gestrichen wurden. Nicht das Gerüst macht beispielsweise die architektonische Form global verständlich. Ein Teil wie die Holzkiste kann jedoch mit einem sichtbaren Gerüst ausgestattet werden, das aber gegenüber den Platten, die es einrahmt, nicht plastisch hervortritt.

Die Arbeit von Herzog & de Meuron ist die Suche nach einem neuen Gleichgewicht. Dieses wird nicht von einer einfachen Abstufung bestimmt, die nebensächliche Elemente den Hauptelementen unterordnen würde: Das Bauwerk ist nicht »pyramidal«. Alle Elemente haben ein »Gewicht«, wenn nicht gleich, so doch gleichwertig.

of the wooden box and the transparency of the glass bands. While the wooden box withholds all spirituality, the glass bands emanate fleeting images which dissolve in a depth. Yet this duality creates no sharp contrast. It is a co-existence of materials of equal intensity – the white glass and the panels faced in birch, which, in time, will take on a light gray tone, close to the tone of the aluminium.

This visual equality also explains why elements which could dominate structurally were obviously held back, if not altogether deleted. Not the frame, for example, makes the architectural form universally understandable. A part like the wooden box can, however, be fitted with a visible frame which does not stand out plastically in relation to the panels it frames.

Herzog & de Meuron's work is the search for a new equilibrium. This is not determined by a simple graduation in which secondary elements become subservient to the main elements – the structure is not "pyramidal". All elements have a "weight" – if not identical, then of equal importance.

Ein unteilbares Objekt bauen

Die architektonischen Anlagen, die ich soeben geschildert habe, tragen dazu bei, uns in die Lage zu versetzen, daß wir unaufhörlich versuchen, zu verstehen, wie alle diese Elemente ein Ganzes bilden. Wir müssen also Herzog & de Meuron beipflichten, wenn sie behaupten:»In our projects we have always tried to establish as many links as possible between the different systems at work. Our best projects are the ones in which the visibility of such links has been reduced to zero, in which the links have become so numerous that you don't ›see‹ them anymore.«[4] Was also bleibt in letzter Instanz, im Moment, wenn die schon so verworrenen Beziehungen »unsichtbar« geworden sind? Wir müssen in die Materie eindringen, eine Materie, deren Beschaffenheit sich entzieht, und die mit einer seltsamen Kraft der Zurückhaltung ausgestattet zu sein scheint. Denn die Materie (die Materialien) ist nicht nur ein Ausgangspunkt, ein a priori Mittel, das der Architekt verwenden und in Form setzen würde, je nach den Notwendigkeiten seines Projekts. Ihre Eigenschaften verlangen nach einer Gegenüberstellung, die bei Herzog & de Meuron immer die frontale Dimension bevorzugt:»Designing and detailing a building thus becomes a mental trip into the interior of a building. The exterior becomes like the interior. The surface becomes spatial. The surface becomes ›attractive‹. (…) You mentaly

To Build an Indivisible Object

The architectural arrangements I have just outlined contribute to putting us in a position in which we continuously try to understand how all of these elements build a whole. We must then agree with Herzog & de Meuron when they maintain: "In our projects we have always tried to establish as many links as possible between the different systems at work. Our best projects are the ones in which the visibility of such links has been reduced to zero, in which the links have become so numerous that you don't 'see' them anymore".[4] What remains then in the end, at that moment, when the already so confused relationships have become "invisible"? We must delve into the matter, the nature of which eludes us, and which appears to be equipped with a singular power of reserve. For the Matter (the materials) is not only a starting point, an a priori instrument which the architect would use and put into a form according to the requirements of his project. Their characteristics demand a confrontation, which with Herzog & de Meuron always prefers the frontal dimension: "Designing and detailing a building thus becomes a mental trip into the interior of a building. The exterior becomes like the interior. The surface becomes spatial. The surface becomes 'attractive'. (…) You mentally penetrate the building in order to know what the building is going to be like."[5]

penetrate the building in order to know what the building is going to be like.«⁵

Das Glas zum Beispiel ist demnach nicht eine einfache durchsichtige oder eine einfache spiegelnde Fläche. Entweder ist es ein Schirm, der eine unbestimmte Tiefe enthüllt, in der Lichthöfe versinken. Oder ein wie ein Wunder anmutendes Phänomen; es ist ein Schirm, der nicht so sehr die Bilder aus dem Garten zurückstrahlt, sondern diese aufnimmt: Jacques Herzog sagt zu diesem Thema, »daß der Garten im Sockel des Baues eingefroren ist«.⁶ Das Glas erhält also die Dichte einer außergewöhnlichen Materialität: die Fläche wird räumlich.

Wie?

Alles spielt sich in einer Dichte von 50 cm ab, in jener Distanz nämlich, die das innere vom äußeren Glas der Sockel- und der Kronenbänder trennt, oder das innere Nackte der gemauerten Wände der Ausstellungsräume vom äußeren Nackten der Holzkisten-Wand. Im Inneren der »Wand« wurden die Regenwasserrinnen und die elektrischen Leitungen eingearbeitet, die Luft – warm oder kalt – zirkuliert und entweicht dann durch die Decke und am Dach; an sehr sonnigen Tagen werden Storen heruntergelassen. In den Ausstellungsräumen lenkt also nichts von der Betrachtung der Kunstwerke ab: keine Apparatur, keine technische Anlage ist sichtbar. Die extreme Dichte des »Bauwerks«

Hence, the glass, for example, is neither a simple transparent nor a simple reflecting surface. Either it is a screen which reveals an indeterminate depth into which halation sinks. Or a seemingly miraculous phenomenon. It is a screen which not so much reflects pictures from the garden as it absorbs them. Jacques Herzog says on this topic: "so that the garden is frozen into the base of the building".⁶ The glass then receives the density of an extraordinary materiality. The surface becomes spatial.

How?

Everything happens within a density of 50 cm – namely within that distance separating the inner from the outer glass of the base- and crown-bands, or that distance separating the inner naked masoned walls of the exhibition rooms from the outer naked wooden-box-wall. Rain gutters and electrical mains were built into the interior of the "wall"; air – warm or cold – circulates and escapes through the ceiling and at the roof; on sunny days, curtains are lowered. And thus nothing distracts from the contemplation of the works of art in the exhibition rooms – no apparatus, no technical system is visible. The extreme density of the structure causes all elements to be inseparably connected in an indivisible whole. No element is symbolic or pictorial – that means, no element represents anything other than itself. Architecture, for

bewirkt, daß alle Elemente in einer unteilbaren Gesamtheit untrennbar verbunden sind: kein Element ist symbolisch oder bildlich, das heißt, kein Element stellt etwas anderes als sich selbst dar. Für Herzog & de Meuron hat die Architektur nicht die Funktion, nicht die Raumgestaltung oder die Verherrlichung des Lichtes als oberstes Ziel; ihre Absicht präzisieren sie wie folgt: »Wir werden von so vielen Dingen und Ereignissen umgeben, die wir nicht entziffern können, zu denen wir keinen Zutritt haben; genau deswegen bauen wir ein Objekt, das seine eigene Sprache anbietet.«[7] Damit ein Objekt »seine eigene Sprache anbietet«, muß man sich die üblichen Lesearten abgewöhnen, aber dieses Projekt darf sich auch nicht sofort offenbaren, die Lektüre darf sich nicht im ersten Blick erschöpfen. Das ist die Erfahrung, die die Kunstgalerie in München, und auch andere Objekte der selben Architekten anbieten, z. B. ihr Haus in Tavole (Italien)[8], die Lagerhäuser Ricola in Laufen und Mühlhausen oder das Hochhaus SUVA in Basel. Sie entspricht auch den Erfahrungen von zeitgenössischen Künstlern, insbesondere der Minimalisten. Sie wirft nocheinmal Fragen auf, die durch eines der letzten Bauwerke von Louis I. Kahn gestellt wurden, das – bei seinem Tod im Jahr 1974 unvollendete – Yale Center for British Art: schaffen in diesem Raum nicht Struktur, Raum, Licht, Aufbau usw. ein Ganzes von außergewöhnlicher Vollständigkeit ohne jegliche Vorherrschaft eines Wertes über einen anderen?

Herzog & de Meuron, does not have function, interior design or the glorification of light as its foremost goal. They specify their intentions as follows: "We are surrounded by so many things and events which we cannot decipher, to which we have no access; it is exactly because of this that we build an object which offers its own language."[7] For an object to "offer its own language" one must give up conventional ways of reading. But this project may also not immediately reveal itself; the reading material should not be exhausted at first glance. This is the experience which the art gallery in Munich and also other objects by the same architects offer, for example their house in Tavole (Italy)[8], the Ricola warehouses in Laufen and Mühlhausen or the high-rise SUVA in Basel. It also corresponds to the experiences of contemporary artists, the Minimalists in particular. It again raises questions posed by one of Louis I. Kahn's last buildings – the Yale Center for British Art, unfinished when Kahn died in 1974. In this space, do not structure, space, light, composition etc. create a whole of extraordinary completeness without the slightest dominance of one value over another?

Die Galerie für zeitgenössische Kunst erhebt den gleichen Anspruch: sie öffnet unsere Augen, schärft unseren Blick und erschließt uns einen neuen Horizont des Verständnisses für Architektur; einen Horizont, bei dem jedes Element seine Bedeutung im Sinne einer extrem zusammenhängenden Gesamtheit findet.

[1] Für eine Präsentation der Arbeiten von Herzog & de Meuron siehe vor allem: Wilfried Wang, Herzog & de Meuron, Monograph Studio Paperback, Artemis Verlag, Zürich, 1992; Herzog & de Meuron, 1983–1993, El Croquis, Madrid, 1994. – Für eine Analyse der Galerie Goetz in München siehe: Martin Steinmann, Le possibilità di un oggetto, Domus, Mailand, No. 747, März 1993.

[2] Um die Eigenschaft der Wände in den Ausstellungsräumen zu bestimmen, haben Herzog & de Meuron die Ratschläge des Malers Helmut Federle, der mit mehreren Werken in der Sammlung der Galerie vertreten ist, eingeholt.

[3] Martin Steinmann, Sur les derniers projets de Jacques Herzog & Pierre de Meuron, in: Herzog & de Meuron, Verlag Wiese, Basel 1989. Französische Fassung des Katalogs zur Ausstellung »Herzog & de Meuron im Museum für Architektur, Basel, 1988« S. 22.

[4] In »Continuities«, Gespräch von Herzog & de Meuron mit Alejandro Zaera, El Croquis, wie Anmerkung 1, S. 21.

[5] Ebenda, S. 20.

[6] Gespräch mit dem Autor, 25. Februar 1993.

[7] Gespräch zwischen Jacques Herzog und Theodora Vischer, in Herzog & de Meuron, wie Anmerkung 3, S. 56.

[8] Zu Tavole siehe Jacques Lucan: Jacques Herzog und Pierre de Meuron – Vers une architecture, in: Du, No. 5, Zürich, Mai 1992.

The gallery for contemporary art lays the same claim: it opens our eyes, sharpens our vision and offers us a new horizon of understanding for architecture – a horizon on which each element discovers its meaning as part of an extremely connected whole.

[1] For a presentation of the works of Herzog & de Meuron see above all: Wilfried Wang, Herzog & de Meuron, Monograph Studio Paperback (Zürich: Artemis Verlag, 1992); Herzog & de Meuron, 1983–1993 (Madrid, El Croquis, 1994).

[2] In order to determine the character of the walls in the exhibition rooms, Herzog & de Meuron consulted with the painter Helmut Federle, who has several works in the gallery's collection.

[3] Martin Steinmann, Sur les derniers projets de Jacques Herzog & Pierre de Meuron, in: Herzog & de Meuron (Basel: Verlag Wiese, 1989). French edition of the catalog to the exhibition "Herzog & de Meuron im Museum für Architektur, Basel, 1988", p. 22.

[4] Discussion between Herzog & de Meuron and Alejandro Zaera in: Continuities (Madrid: El Croquis, 1994), p. 21.

[5] Ibid., p. 20

[6] Discussion with the author, 25 February 1993.

[7] Discussion between Jacques Herzog and Theodora Vischer, in: Herzog & de Meuron (Basel: Verlag Wiese, 1989), p. 56.

[8] Concerning the house in Tavole see Jacques Lucan: Jacques Herzog et Pierre de Meuron – Vers une architecture, in: Du, No. 5, Zürich, May 1992.

Begegnung mit uns selbst
Eine Sammlung und ihr neues Haus
Veit Loers

An Encounter with Ourselves
A Collection and its New House
Veit Loers

Eine Vorstellung davon, wie ihr Museum werden sollte, hatte Ingvild Goetz schon. Sie schrieb im Herbst 1989 an Jacques Herzog: »Der Garten ist uns sehr wichtig, deswegen sollte das Haus sehr leicht und nicht zu dominant sein. Zur Straße, die eine große Verkehrsstraße ist, sollte das Haus geschlossen sein und sich zum Garten hin öffnen… Wir stellen uns vor, ein Haus parallel zur Straße zu bauen, ca. 24 m lang x 8 m tief, um Sicht und Schall fern zu halten und nicht zuviel vom Garten zu nehmen. Wir stellen uns ein Untergeschoß und ein Erdgeschoß vor, wobei das Untergeschoß Tageslicht haben sollte (…). Wichtig wäre ein Flachdach, um die hohen Bäume dahinter noch sehen zu können. Das Haus sollte nicht nur einen Museumscharakter haben, wir wollen auch ab und zu darin spartanisch leben.«

Mit der Kunst leben und ihr ein eigenes Haus zu bauen, das war die erklärte Absicht der Bauherrin. Durch ihre spezifische Art, Kunst zu sammeln, – raumbezogene Installationen der Arte Povera, konzeptuelle Arrangements der achtziger Jahre und abstrakte bzw. postabstrakte Malerei eben dieser Zeit von Künstlern wie Heizer, Knoebel, Federle, Charlton, Umberg und Marioni, aber auch Baechler, Lasker und Taaffe – mußte ein ambitionierter Museumsbau alle ästhetischen Probleme in sich verarbeiten, in die wir uns heute nolensvolens hineinbegeben haben. Ingvild Goetz sagt in einem Interview zwar,

Ingvild Goetz already had an idea, what her museum should be like. She wrote to Jacques Herzog in the autumn of 1989: "The garden is very important to us, the house should therefore be very light and not too dominant. The house should be closed toward the street which is heavily trafficked, and it should open itself toward the garden… We picture a house parallel to the road, about 24 m long and 8 m wide, to keep sight and sound at a distance and to not take too much away from the garden. We picture a basement story and one ground floor, whereby the basement should have daylight (…). A flat roof would be important in order to still be able to see the high trees behind. The house should not only have a purely museum-character, we would also like to live austerely in it from time to time."

To live with art and to build art its own house – that was the builder's declared intention. Because of her specific way of collecting art – spatially oriented installations of Arte Povera, conceptual arrangements of the eighties, and abstract or post-abstract painting also of this period by artists such as Heizer, Knoebel, Federle, Charlton, Umberg and Marioni, but also Baechler, Lasker and Taaffe – an ambitious museum-building had to digest all of the aesthetic problems with which we have today, like it or not, involved ourselves. Ingvild Goetz does say in an interview

ihr Schwerpunkt sei die Arte Povera und deshalb richte sich ihr Blick immer wieder auch auf heutige Künstler dieser Richtung (Kritik, Zeitgenössische Kunst in München, 2/1995), aber mit Künstlern wie John Armleder, Matthew Barney, Cady Noland, Steven Parrino, Rudolf Stingel und Damien Hirst schloß sie eine Richtung mit ein, die zwar nicht formal, aber inhaltlich anders auf ein Museumsgebäude reagiert.

Nachdem die Kunstdiskussion der letzten Jahrzehnte lange genug über die Daseinsberechtigung oder gar das Ende der Avantgarde geführt wurde, stellt sie heute gerne dieselben Fragen an das Museum. Hat die Kunst selbst schon lange ihre Unschuld verloren, so muß das Kunstmuseum heute ein ähnliches Bekenntnis ablegen. Es ist zunehmend zum Monument des Architekten geworden, der die Idee der klassischen Museen – also von Treppenhaus, Raumabfolge, Lichthof, von der Säule bis zum White Cube als Ready Made anbietet. Wo schon der Museumsraum als Zitat nur noch absichtsvoll ist, sollte die darin ausgestellte Kunst ihm folgen und den Dialog über die verlorene Unschuld fortsetzen. Stattdessen wird ihr in solchen Räumen oft nicht nur die eigene Vitalität genommen, sondern auch die Reflexionshaltung nivelliert. Sie erstarrt zum Design. Wenn man Museen der fünfziger Jahre ihrer schäbigen Struktur wegen abreißt und solche der sechziger und siebziger Jahre mit dem Vorwand eliminiert, man

that her focal point is Arte Povera, and because of this her view is oriented toward contemporary artists working in this movement (Critique, Zeitgenössische Kunst in München, 2/1995). With artists such as John Armleder, Matthew Barney, Cady Noland, Steven Parrino, Rudolf Stingel and Damien Hirst, however, she has included a direction which reacts differently to a museum building – not formally, but with regard to content.

Art-discussion, having for the past decades been lead about the avant garde's right to exist or even about its demise, today enjoys posing the same questions with regard to the museum. Where art has long since lost its innocence, the art museum must today own up in a similar way. The museum has increasingly become the monument of the architect, in which he offers the idea of the classical museums – from stairway, sequence of rooms, courtyard, from the column all the way to the White Cube as Ready Made. Where the museum space as a quotation is but intentional, the art exhibited therein should follow and continue the dialogue about lost innocence. Instead, such rooms often not only take away art's vitality, but also level the reflective attitude. It becomes design. When the museums of the fifties are torn down because of their shabby structures and those of the sixties and seventies

müsse die giftigen Baumaterialien entsorgen, dann meint man, mit dem postmodernen Nachfolgebau seien auch die künstlerischen Probleme besser gelöst. Weit gefehlt. Man muß sich nicht wundern, wenn sich das Gift der Asbestdecken in die Ästhetik der neuen Architektur frißt.

Nach wie vor demonstriert der Museumsbau das geglückte oder weniger geglückte Zusammenspiel zwischen Auftraggeber und Bauherr. Ideal ist, wenn die bildenden Künstler, für deren Werke gebaut wurde, auch zu Worte kommen oder sich die Situation auf ihre Weise zu eigen machen. Selten habe ich dies so gelungen erlebt wie im Museum der Sammlung von Ingvild Goetz, das Jacques Herzog und Pierre de Meuron 1993 fertiggestellt haben. Als ich mir im Sommer dieses Jahres Gebäude und Ausstellungen (Gonzales-Torres und Roni Horn) ansehen wollte, entdeckte ich im Untergeschoß auf einem großen Fensterband aus Milchglas, das die originelle Beleuchtung dieses Bauwerks ausmacht, eine Schriftinstallation von Felix Gonzales-Torres, die eine poetische Biographie der Sammlerin enthielt. Gonzales-Torres hatte sich vor allem die Böden, aber auch jenes Bauelement herausgesucht, das nicht als Wand, sondern zur Beleuchtung der künstlerischen Arbeiten vorgesehen war. Dadurch bekam der Text die immaterielle Aura der Lichtquelle. Er wurde zum Bindeglied zwischen Architekt und Sammlerin, verwirklicht durch die Kunst selbst.

eliminated on the pretext of getting rid of poisonous building materials, one would think that artistic problems would also be better solved by the post-modern successor. Far from it! One should not be surprised if the poison from the asbestos ceilings eats itself into the aesthetics of the new architecture.

Now as ever, the museum building demonstrates the successful or less successful interplay of the contracting customer and builder. It is ideal when the artists, for whose work the building was erected, can have a say or make the situation their own. I have rarely experienced this to such a successful degree as in the museum for Ingvild Goetz's collection, completed by Jacques Herzog and Pierre de Meuron in 1993. This summer, when I visited the building and exhibitions (Gonzales-Torres and Roni Horn), I discovered a text-installation by Felix Gonzales-Torres including a poetic biography of the collector, located in the basement story on a large window-band of milk-glass. Gonzales-Torres had primarily chosen the floor, but also that element which was not intended as a wall, but served to light the artistic works. By this means, the text received the ethereal aura of the source of light. It became a link between the architect and the collector, realized through art itself.

Mein erster Eindruck des Museums in Oberföhring war der, daß da etwas stand, was irgendwie gegen die Regeln lief. Holzpaneele, Glas und Aluminiumrahmen verbinden sich so, als wäre dieser Baukörper eine Innenhaut, immateriell wirken die Fassaden, unwirklich das Verhältnis des Gebäudes zum Boden der Isaraue. Die ungewöhnliche Verteilung der Baumaterialien läßt den Eindruck von Szenen aus der industrialisierten, modernen Welt entstehen, wie ihn die großen amerikanischen Photographen der dreißiger und fünfziger Jahre wiedergeben, während ihr gewohnter konstruktiver Zusammenhang nur Bild bleibt. An einer Stelle jedoch kann sich dieses Bild räumlich erschließen, dort, wo man in eine Bibliothek blickt. Das einzig Greifbare also zwischen Licht, Verdunkelung, Spiegelung und Fläche ist auch der Eingang. Der Besucher schreitet nicht durch schwülstige Entrees, sondern durch einen Raum des Studiums und der Arbeit. Das Paradox will es, daß ausgerechnet dieser greifbare Raum, parallel begleitet von einem Depotraum, konstruktiv in der Luft hängt – als quereingehängte Röhre. Von ihm zweigen sich die schmalen Treppenhäuser nach oben und unten ab, die zu den Sammlungsräumen führen. Der Eintretende befindet sich auf dem Level der Lichtbänder im Souterrain, er hängt sozusagen zwischen den übereinanderliegenden Ausstellungssälen.

My first impression of the museum in Oberföhring was that there stood something which somehow went against the rules. Wooden panels, glass and aluminium frame are connected as if the building were an inner skin. The facades have an immaterial effect, the relationship between the building and the ground of the Isar river pasture appears unreal. The unusual distribution of building materials allows for associations with scenes from the industrialized modern world as depicted by the great American photographers of the thirties and forties. The usual structural connection of the materials, however, remains but pictorial. Yet at one point this picture becomes spatial – there where one looks into a library. So the single moment where light, darkening, reflection and plane become tangible is at the same time the entrance. The visitor does not walk through pompous entrees, but through a room dedicated to study and work. Paradox will have it that just this tangible room, paralleled by a depot room, hangs, constructively seen, in the air – as a transverse tube. The narrow stairways up and down branch off from it, leading to the exhibition rooms. Upon entering, one finds oneself on the level of the light-bands in the basement – one hangs, so to speak, between the exhibition halls which lie above one another.

Das Innere wahrt Askese mit scheinbaren Bezugsebenen von innen nach außen, die sich aber als simuliert, als reine Erkennungssignale herausstellen. In einem Statement von 1990 bekennen Herzog & de Meuron: »Es ist physisch sinnliche Präsenz des Films im Kinosaal und des Tons im Lautsprecher (...), die uns fasziniert, die uns bewegt, die uns eine Begegnung mit unserer eigenen physischen Präsenz ermöglicht.« Inszeniert wird jedoch nicht in diesen Räumen. Vielmehr führen sie ihr Schicksal vor. Wie man in früheren Zeiten den Bautypus festlegte, nach der Devise, dieser Raum bleibt karg, er wird Dormitorium in einem Kloster, so ahnt man, daß der Besucher hier alleine mit der Kunst sein soll, bereit zum Dialog. Es gibt nicht den Blick nach außen und es gibt nicht den point de vue innerhalb der Architektur. Man bekommt nichts vorgeführt, man soll sich selbst diese Welt erschließen.

Dies betrifft auch den Charakter der ausgestellten Kunst von Ausstellungen und Sammlung. Pop Art hat hier keinen Platz, der Grundstock der Sammlung war die Arte Povera. Pino Pascali, Kounellis, Merz und Fabro fordern aus ihrer Intention heraus nicht den White Cube der amerikanischen Minimal Art, eher den intimeren leeren, historisch besetzten Galerienraum mediterraner Art. Helmut Federle, ein langjähriger Freund von Jacques Herzog, der den Kontakt zwischen Architektenteam und der Sammlerin

The interior maintains an asceticism with apparent reference planes from within to without. These, however, turn out to be simulated – sheer recognition signals. In a statement made in 1990, Herzog & de Meuron declare: "It is the physically sensuous presence of the film in the movie theater and the sound in the loudspeaker (...), which fascinates us, which moves us, which makes possible a confrontation with our own physical presence." But no production is put on in these rooms. Rather, they project their destiny. As in earlier times when buildings were classified according to the motto "this room will remain bare, it is the dormitory of a monastery", one senses that here the visitor is meant to be alone with art – prepared for a dialog. There is no view outside, and there is no "point de vue" within the architecture. Nothing is performed for one, one should discover this world for oneself.

This also applies to the character of the art shown in exhibitions and in the collection. Pop Art has no place here; Arte Povera builds the foundation of the collection. The intentions of Pino Pascali, Kounellis, Merz and Fabro do not demand the White Cube of American Minimal Art, but rather the more intimate, empty, historical gallery spaces of a Mediterranean nature. Helmut Federle, an old friend of Jacques Herzog who brought the team of architects together with the collector and

herstellte und in der Sammlung vertreten ist, gab Anregungen, die Wände nicht weiß zu streichen, sondern nur zu verputzen und die Lichtbänder sichtbar im Raum zu belassen. Wie Herzog & de Meuron beschäftigt ihn die Welt der »verborgenen Geometrie«, also die Einbeziehung universaler Prinzipien in die Kunst und Architektur, ohne daß ein eklektizistischer Bauhaus-Verschnitt dabei herauskommen sollte. Wenn Bilder wie die seinen außerhalb der digitalen heute noch einen Sinn haben, dann muß ihre Materialität einen Verweis auf dieses Verborgene sein. Solche Bilder brauchen nicht inszeniert zu werden, sie strahlen ihre Energie in einer Atmosphäre dezidierter Sachlichkeit ab und dazu gibt es in Oberföhring das richtige Terrain.

Das Haus der Sammlung Goetz ist deshalb so merkwürdig, weil es konstruktivistische Tendenzen mit ihren banalen Repliken der fünfziger Jahre und mit der eher filmischen Realität von Science Fiction verbindet, im Inneren aber durchaus die Studiolos der Renaissance und Giottos von oben belichtete Klosterräume assoziiert. Es ist eines der wenigen Beispiele von zeitgenössischer Museumsarchitektur, die der Kunst Raum läßt, maßvoll für alles, was mönchisch und puristisch auftritt, maßvoll auch für Schmerz und Ironie, die sich in ihr einnisten wollen – wahrhaft ein Ort der Therapie.

is represented in the collection, suggested that the walls not be painted white, but simply plastered, and that the light-bands be left visible in the room. Like Herzog & de Meuron, Federle is concerned with the world of "hidden geometry", with the incorporation of universal principles into art and architecture without the result resembling an eclectic "Bauhaus-blend". If pictures such as his are to have a meaning today beyond digital pictures, then their material nature must refer to these hidden principles. Such pictures need not be staged, they radiate their energy into an atmosphere of decided objectivity – and the right terrain is given in Oberföhring.

The Goetz Collection house is so peculiar because it links Constructivist tendencies with their banal fifties' replicas as well as with the rather more cinematic reality of science fiction. On the interior, however, associations with Renaissance studiolos and Giotto's monastic rooms, lit from above, are altogether possible. It is one of the few examples of contemporary museum architecture which allows room for art, which behaves sensibly with regard to everything monastic and puristic. It is also reasonable enough for the pain or irony which would like to settle down in it – truly a place of therapy.

Zur Zusammenarbeit von Maler und Architekt
Helmut Federle

On the Collaboration between Artist and Architect
Helmut Federle

Meine Zusammenarbeit mit Architekten wie Jacques Herzog und Pierre de Meuron sowie mit Adolf Krischanitz war nicht zuletzt auch eine Zusammenarbeit mit Freunden. Dadurch war ein umfassenderer Informationsaustausch gegeben. Die Möglichkeit meiner Einflußnahme beschränkte sich nicht nur auf eine mir zugewiesene Aufgabe, die zur Absicht gehabt hätte, eine künstlerische Dekoration zur Architektur zu schaffen. Vielmehr habe ich in den grundsätzlichen Fragen zur Architektur mitreden können und habe mir dieses Recht auch genommen. Nachträglich ist es nicht so einfach, zu sehen oder zu sagen, was auf meinem Mist gewachsen ist. Da fällt den Architekturkritikern jeweils nichts ein. Sie wissen dann nicht, was von diesem Künstler überhaupt eingebracht wurde und was nicht, und buchstabieren mich dann doch wieder nur auf denjenigen zurück, der die Zuständigkeit für die Farbe zu haben hat.

Ich möchte das am Beispiel der Zusammenarbeit am Museum Goetz in München ausführen. Da gibt es zwar keinen dezidierten Farbeinsatz, und doch ist mein Einfluß im Gebäude gegeben. Bei diesem Projekt des Museums wurde über Raummaße, Wandtextur und Lichtführung bis hin zum Weglassen der Zwischendecke ein kreativer Dialog mit Jacques Herzog geführt. Mir ist es wichtig, daß zwischen dem Architekten und mir als Gestalter eine Vertrauensbasis besteht, die es mir ermöglicht, in allen Fragen, eben-

My collaboration with architects such as Jacques Herzog and Pierre de Meuron as well as with Adolf Krischanitz was also a collaboration with friends. Because of this, a more extensive exchange of information was possible. My influence was not limited to the assigned task of creating an artistic decoration for the architecture. On the contrary, I was able to join in the discussion of fundamental questions regarding the architecture, and I made use of this privilege. It is not so easy, in retrospect, to see or to say just what I came up with. And, in each case, the architecture critics cannot think of what to say to this. They do not know what this artist did or did not contribute, and, in the end, define me once again as the one who was responsible for the color.

I would like to elaborate on this using the example of my collaboration on the Museum Goetz in Munich. There, there is no decided "mobilization" of color, yet my influence on the building is given. On this project, a creative dialogue was held with Jacques Herzog regarding room measurements, wall texture, the use of light, all the way to the omission of the intermediate ceiling. It is important to me that a basis of mutual trust exists between the architect and myself as collaborating artist. This trust enables me to take part in the discussion of all questions, political and operational as

falls in den politischen und funktionsanalytischen, mitzureden, ohne daß ich dem Architekten seine Zuständigkeit beschneide oder ihm gar das Erfolgserlebnis streitig mache.

So gesehen verstehe ich mich eher als Partner in Gestaltungsfragen für spezifische Projekte und nicht als Künstler, der für ein paar amüsante oder originelle Freiräume zuständig ist. Ich sehe es als Zusammenarbeit, bei der man über zwei Meinungen die oft nicht so logische Sache in eine etwas vernünftigere überführt und derselben gemeinsam vielleicht etwas näher kommt.

Auszug aus archithese 4.95, S. 41

well, without my treading on the architect's areas of competence or even contending with him for the success of the project.

Seen in this light, I understand myself to be a partner in questions of design on specific projects and not an artist who is responsible for a few amusing or unusual spaces. I see it as collaboration in which two opinions on an often not too logical matter lead and begin to get close to a somewhat more reasonable idea.

Excerpt from archithese 4.95, p. 41

Stilles Leuchten
Christian Kerez

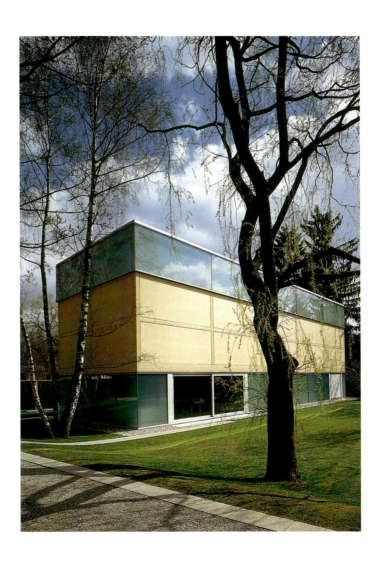

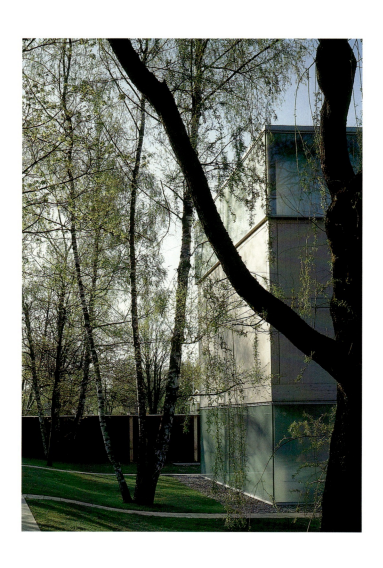

39

45

47

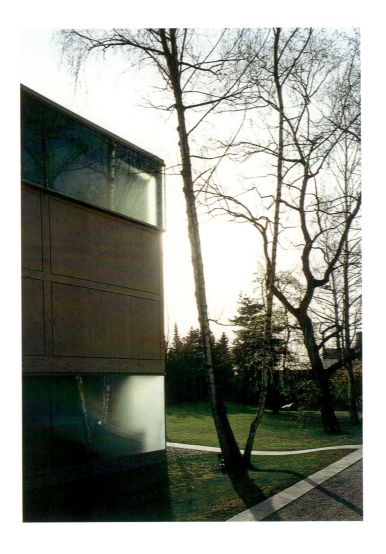

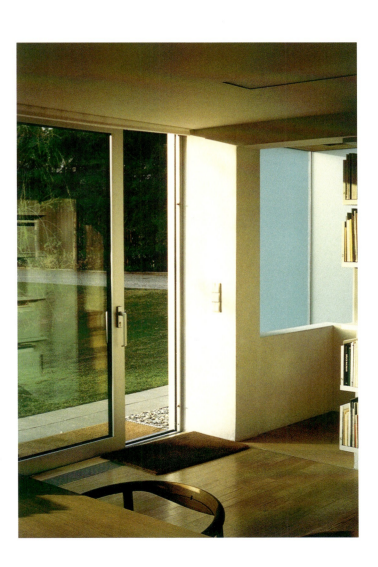

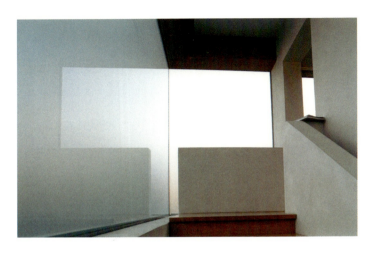

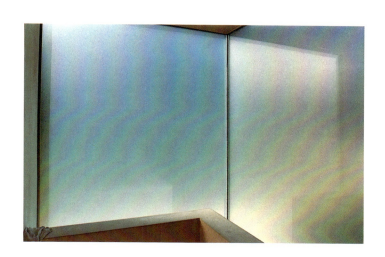
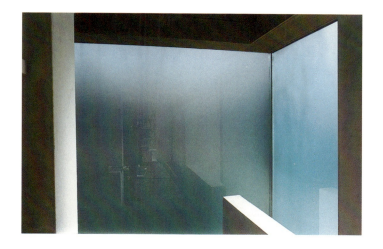

70

Biografische Daten

Herzog & de Meuron

Jacques Herzog
1950 geboren in Basel
1975 Architekturdiplom ETH – Zürich
1978 selbständige Tätigkeit: Herzog & de Meuron in Basel
1983 Gastprofessur Cornell University, Ithaca / N.Y., USA
1989 Gastprofessur Harvard University, Cambridge / Mass., USA
1994 Gastprofessur Harvard University, Cambridge / Mass., USA

Pierre de Meuron
1950 geboren in Basel
1975 Architekturdiplom ETH – Zürich
1978 selbständige Tätigkeit: Herzog & de Meuron in Basel
1989 Gastprofessur Harvard University, Cambridge / Mass., USA
1994 Gastprofessur Harvard University, Cambridge / Mass., USA

Harry Gugger
1956 geboren in Grezenbach, SO
1990 Architekturdiplom ETH – Zürich
     Eintritt bei Herzog & de Meuron
1991 Partner bei Herzog & de Meuron
1994 Dozent an der HAB Weimar, Deutschland

Christine Binswanger
1964 geboren in Kreuzlingen, TG
1990 Architekturdiplom ETH – Zürich
1991 Eintritt bei Herzog & de Meuron
1994 Partner bei Herzog & de Meuron

Helmut Federle
Geboren 1944 in Solothurn,
von 1964 bis 1969 Allgemeine Gewerbeschule Basel,
lebt in Wien und Zürich.

Christian Kerez
Geboren 1962 in Maracaibo, Venezuela,
seit 1993 freischaffender Architekt und Fotograf in Zürich und Chur.

Veit Loers
Geboren 1942 in Schaidt/Pfalz,
Studium der Kunstgeschichte, Philosophie und Klassischen Archäologie in
München und Wien. Publikationen und Ausstellungskataloge zur modernen und
zeitgenössischen Kunst. Bis Sommer 1995 Direktor des Museums Fridericianum
in Kassel, nun Direktor des Museums Abteiberg, Mönchengladbach.

Jacques Lucan
Geboren 1947,
Architekt und Architekturkritiker. Professor an der École d'architecture,
Paris-Belleville und Gastprofessor an der École polytechnique fédérale
in Lausanne (1993–1996). Mitglied im wissenschaftlichen Beirat der XIX. Triennale
Mailand (1993–1996). Autor zahlreicher Architekturpublikationen und ständiger
Mitarbeiter bei internationalen Architekturzeitschriften,
lebt in Paris.

Copyright:
© 1995 beim Kunsthaus Bregenz und den Autoren
Herausgeber:
Kunsthaus Bregenz, archiv kunst architektur, Edelbert Köb
Konzeption:
Edelbert Köb, Christian Kerez, Clemens Schedler
Redaktion:
Christine Spiegel
Übersetzungen:
Kathleen Sagmeister-Fox
Viviane Spiegel
Gestaltung:
Bohatsch und Schedler, Büro für grafische Gestaltung, Wien
Bildrechte:
Herzog & de Meuron, Christian Kerez
Lithografie und Druck:
Höfle Offsetdruck, Dornbirn
Buchbinderische Endfertigung:
Buchbinderei Burkhardt, Mönchaltorf-Zürich
Papier:
Kern: Ikonorex special-matt, chlorfrei, 170 g/m²
Umschlag: Freelife Recycling Vellum, weiss, 215 g/m²
Auflage:
2.000 Stück im Dezember 1995

Verlag Gerd Hatje, Stuttgart
ISBN 3-7757-0574-0

Mit freundlicher Unterstützung
der Vorarlberger Landes- und Hypothekenbank

Leihgabe Professor Klever